CHAMBRE DE COMMERCE

DE BOULOGNE-SUR-MER

DROITS DE TIMBRE

Applicables aux Récépissés,

Lettres de Voiture et Connaissements

PÉTITION

Adressée à la Chambre de Commerce et délibération sur
le projet de loi relatif à ces droits et au groupage des
colis expédiés soit par voies ferrées, soit par mer, etc.

BOULOGNE-SUR-MER

Société Typographique et Lithographique, rue Adolphe Thiers, 35-37

ADMINISTRATEUR : A. BARET

1895

CHAMBRE DE COMMERCE

DE BOULOGNE-SUR-MER

DROITS DE TIMBRE

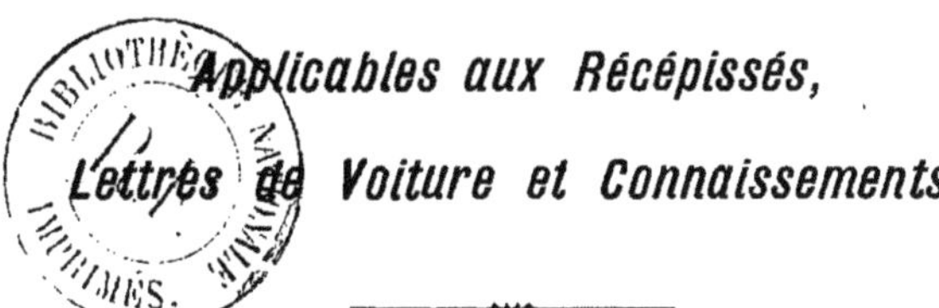

Applicables aux Récépissés,

Lettres de Voiture et Connaissements

PÉTITION

Adressée à la Chambre de Commerce et délibération sur le projet de loi relatif à ces droits et au groupage des colis expédiés soit par voies ferrées, soit par mer, etc.

BOULOGNE-SUR-MER

Société Typographique et Lithographique, rue Adolphe Thiers, 35-37

ADMINISTRATEUR : A. BARET

1895

CHAMBRE DE COMMERCE

DE BOULOGNE-SUR-MER

SÉANCE DU 22 MARS 1895

Présidence de M. FARJON, Vice-Président

La Chambre de Commerce reçoit communication de la pétition suivante :

Boulogne-sur-Mer, le 20 Mars 1895.

A Monsieur le Président et à Messieurs les Membres de la Chambre de Commerce de Boulogne-sur-Mer.

MESSIEURS,

Le Gouvernement vient de présenter aux Chambres un projet de loi portant modification du timbre des récépissés, des lettres de voiture et des connaissements.

Aux termes de l'art. 10 de la loi du 13 Mai 1863, toute expédition circulant sur les chemins de fer doit être constatée par un récépissé en double, extrait d'un registre à souche.

L'art. 2 de la loi du 30 Mars 1872 porte, en outre, qu'un récépissé spécial sera créé pour chaque destinataire par les entrepreneurs de messageries et autres intermédiaires qui réunissent en une ou plusieurs expéditions des colis ou paquets envoyés à des destinataires différents.

Le timbre de ces récépissés est actuellement de 0,35 pour la grande vitesse, et de 0,70 pour la petite vitesse, y compris le droit de décharge.

Les expéditions des colis dits postaux dont le poids n'excède pas 5 kilogrammes sont soumises à un tarif de faveur fixé pour chaque récépissé ou bulletin d'expédition à 0 fr. 10, y compris le droit de la décharge donnée par le destinataire.

Enfin, le timbre des connaissements est fixé par la loi de 1872 à 2 fr. 40 pour les expéditions par mer et à 1 fr. 20 pour la navigation côtière dans la même mer et entre ports français.

C'est, paraît-il, pour tenir compte des critiques si nombreuses et si justifiées que ce régime fiscal soulève que le nouveau projet a été élaboré. Nous allons démontrer que, au lieu de modifier la législation actuelle dans le sens d'une amélioration, comme cela est en effet demandé de toutes parts, la situation si déplorable qui existe déjà se trouverait au contraire considérablement aggravée, que les changements proposés répartiraient la taxe d'une façon tout aussi inégale et qu'ils créeraient un état de complications, qui ne peut qu'être cher aux Administrations de l'État qui en vivent, mais qui serait souverainement funeste au commerce.

I. — Récépissés

Ce que le public reproche au droit des récépissés, grande et petite vitesse, c'est sa fixité. On objecte qu'il grève outre mesure les expéditions de peu d'importance tandis qu'il devient quantité négligeable pour les autres.

Le projet paraît à première vue vouloir donner satisfaction à ces réclamations ; mais il le fait dans une mesure tellement anodine que c'est pur mirage. Si l'on établit la proportionnalité du droit nouveau à la taxe de transport, on trouve qu'elle est la suivante :

CATÉGORIES	PROPORTION des expéditions	PRIX de transport imposé de chaque catégorie	MOYENNE du prix de transport de chaque catégorie	DROITS de timbre proposés	PROPORTION du droit proposé à la taxe moyenne de transport
1re	43 o/o	0 à 2 f.	1 f.	0.25	25 o/o
2e	21 o/o	2 à 5 f.	3 50	0.50	14,3 o/o
3e	21 o/o	5 à 20 f.	12 50	0.75	6 o/o
4e	8 o/o	20 à 50 f.	35 »	1 »	2,85 o/o
5e	7 o/o	au-dessus de 50 f.	soit pour 50 »		2,5 o/o .
			100 »	1.25	1,25 o/o
			500 »		0,25 o/o

L'impôt serait donc de 25 % pour un transport de 1 fr.,
et, diminuant progressivement, s'abaisserait à 2,5 % pour
un transport de 50 fr. et à 0,25 % pour un transport de
500 fr. Une telle base ne révolte-t-elle pas l'esprit d'équité
que l'on prétend vouloir introduire dans la loi, et n'aurions-
nous pas raison de dire que, pour donner une satisfaction
aussi minime aux réclamations qui se sont produites, il
vaudrait mieux conserver l'ancien impôt, qui a, au moins, le
mérite d'une certaine simplicité d'application ? Ce que veut le
commerce, c'est une proportionnalité exacte et, puisqu'il est
établi que l'impôt du timbre représente 5 % environ des
recettes de transports, la solution ne consiste-t-elle pas à
fixer un timbre de 0,05 par franc, perçu comme celui qui
s'applique aux effets de commerce ? Ainsi tous les transports
seraient également atteints, toute mesure d'exception dispa-
raîtrait enfin, et l'impôt n'aurait pas ce caractère *inversement
progressif* qu'on s'étonne de trouver dans des mesures fiscales
proposées par un gouvernement démocratique.

Mais si le projet ne présente qu'un fantôme d'amélioration générale, il maintient et aggrave la situation parti-
culière que, au mépris de toute justice, la loi de 1872 a faite
aux entrepreneurs de groupages et contre laquelle ils n'ont

cessé de protester depuis. Puisque ces réclamations ne paraissent pas avoir été entendues, établissons nettement les effets de cette législation avec les modifications de chiffres qui figurent au projet et montrons successivement ce que paierait pour une même expédition : 1° le petit commerçant ; 2° le négociant qui groupe pour son compte et que nous nommerons, pour faciliter la discussion, *négociant-groupeur*, par opposition au groupeur de profession ; 3° l'entrepreneur de groupages.

Les colis de peu de poids étant les plus nombreux (43 °/₀ des expéditions), nous prendrons la moyenne de transport de la première catégorie, soit 1 fr.

1° Le commerçant qui a ce colis à expédier et qui le remet au chemin de fer, paiera, avons-nous vu, un timbre de 0,25.

2° Le négociant-groupeur, lui, a quotidiennement des quantités de paquets pour toutes les villes de quelque importance. Il joindra ce colis aux autres en un fardeau, qu'il se gardera bien de remettre à un entrepreneur de groupages de la ville qu'il habite pour ne pas se voir facturer un récépissé par destinataire, mais qu'il adressera directement par chemin de fer à un camionneur de la ville ou doit s'effectuer la livraison en chargeant celui-ci de la distribution. Il paiera ainsi, si le groupage est de 25 colis, chiffre que l'on peut considérer comme moyen, un transport de 25 fr. environ et un seul timbre de 1 fr. pour la totalité de l'expédition soit 0,04 par colis.

3° Si le paquet a été remis à un entrepreneur de transports qui paie patente pour exercer l'industrie du groupage et qui, comme le négociant-groupeur, a, nous le supposons, 24 autres paquets à expédier pour la même destination, cet entrepreneur paiera d'abord un timbre de............ 1 fr.
pour la totalité de l'expédition comme le

A reporter...... 1 fr.

Report...... 1 fr.

négociant-groupeur ; mais l'art. 4 l'oblige à créer en sus un récépissé au nom de chaque destinataire, soit 25 récépissés timbrés à 0,50 et qu'on lui vend imprimés 0,52 chacun : il aura donc à ajouter 25 × 0,52 =   13 fr.

TOTAL...... 14 fr. de timbre

ou 0,56 par paquet, de sorte que le même colis coûtera de timbre :

1° S'il a été expédié par un petit commerçant directement $0^{fr}25$ ou 25 o/o du port ;

2° S'il a été expédié par un négociant exerçant pour son compte l'industrie du groupage sans en supporter les charges, $0^{fr}04$ ou 4 o/o du port ;

3° S'il a été expédié par un entrepreneur de groupage payant patente pour exercer cette industrie $0^{fr}56$, ou 56 o/o du port.

Le commerce de groupage ayant pour objet de faire réaliser une économie sur les frais de transport, le rapporteur de la loi de 1872 trouve qu'il doit procurer à ceux qui l'exercent « un bénéfice légitime, incontestable, et incontesté.» C'est sans doute pourquoi, après lui avoir retiré la clientèle des gros négociants intéressés désormais à grouper eux-mêmes, on veut aujourd'hui consommer sa ruine en lui reprenant sous la forme d'un timbre supplémentaire plus que le bénéfice qu'il peut réaliser.

La même inégalité existe pour les colis dits postaux, qui paient 0, fr. 10, s'ils sont remis directement aux Compagnies de chemins de fer et $0^{fr}25$ s'ils sont groupés par un intermédiaire de transports. Il est instructif de se reporter à la correspondance échangée à ce sujet, en 1881, entre le Ministre des Postes et Télégraphes et M. Jacqmin, président du comité des grandes Compagnies ; elle contient le germe du projet actuel.

Le département des Finances et celui des Postes et Télégraphes avaient reconnu de concert que les dispositions de la loi du 30 Mars 1872 concernant le groupage des colis étaient applicables aux colis dits postaux et qu'il y avait lieu d'exiger pour chaque groupe de colis de l'espèce expédié par des intermédiaires, soit de l'intérieur à l'étranger, soit de l'étranger à l'intérieur : 1° autant de droits de timbres de 0,10 qu'il y a de colis à l'adresse de destinataires différents ; 2° un droit de 0,35 pour le récépissé collectif. Cette décision était logique. Puisque la loi de 1872 ordonnait que le récépissé créé par l'entrepreneur de groupage devait être timbré à 0,35 pour la grande vitesse et à 0,70 pour la petite vitesse comme celui des Compagnies de chemins de fer, il était conforme à son esprit que, si une réduction de timbre était accordée pour certains transports effectués directement, la même atténuation devait s'appliquer à ceux faits par le groupeur ; mais cela ne pouvait satisfaire les Compagnies dont l'intention était de parvenir par la création de ce service à la disparition du groupage. Par lettre du 27 Octobre 1881, M. Jacqmin représentait au Ministre que c'était là une interprètation *abusive*. « Permettre aux inter-
» médiaires de transports, disait-il, d'accaparer à leur profit
» au moyen d'une réduction du droit de timbre une partie
» des transports qui font l'objet des conventions, ce serait
» aller directement contre le but que vous vous êtes proposé,
» de multiplier les relations directes entre expéditeurs et
» destinataires, par l'unification des tarifs et la simplification
» des moyens d'exécution. » Nous voyons bien là ce que l'on cherchait alors et ce que l'on continue à poursuivre : multiplier les relations directes, en d'autres termes, supprimer les entreprises de groupage, et, afin d'atteindre ce but, il fallait que les réductions de timbre profitassent aux seules Compagnies, attendu qu'agir autrement, c'eût été permettre aux intermédiaires de conserver (ce que M. Jacqmin appelle accaparer) les transports dont on voulait les dépouiller. Par dépêche du 12 Décembre 1881, le Ministre répond « qu'il partage cette ma-

» nière de voir » et que les timbres seront désormais de 0,10 pour les Compagnies et de 0,35 pour les groupeurs. C'est ce système, dont on a pu constater les effets, que l'on veut généraliser aujourd'hui. Nous ne croyons pas qu'il existe ailleurs d'exemple d'un semblable déni de justice. (1)

Si la législation sur la loi des groupages a des résultats désastreux pour le commerce intérieur, elle est plus funeste encore pour le pays et pour les Compagnies de chemins de fer elles-mêmes quand elle s'applique aux expéditions internationales, car elle a contribué à faire perdre aux lignes françaises presque tout le trafic pour la Suisse, l'Italie, etc. Voici comment : les maisons de transports de Londres, par exemple, qui exercent leur industrie comme on peut le faire dans les pays où l'on

---

(1) *Ainsi, à l'heure actuelle et depuis 1881, le négociant groupeur qui réunit 10 paquets de 500 grammes chacun pour en faire un colis postal de 5 kilos et qui les expédie, comme il est expliqué plus haut, à un correspondant de la ville de destination en le chargeant de la distribution à ses clients, acquitte en tout et pour tout un timbre de 0,10, tandis que le groupeur de profession qui effectue exactement la même opération paie dix fois le timbre de 0,35 par destinataire, plus le timbre collectif, également de 0,35, soit un total 3 fr. 85. Les colis de l'espèce constituant l'aliment le plus abondant du groupage, la décision ministérielle a rendu cette industrie à peu près impossible. C'est une expropriation déguisée de la clientèle des groupeurs que les Compagnies ont obtenue de la complaisance du Gouvernement et qu'elles voudraient compléter aujourd'hui en l'étendant à toutes les expéditions passant par les intermédiaires de transports.*

Il faut espérer que les Chambres ne permettront pas que l'impôt du timbre soit transformé de cette façon en un moyen d'anéantissement des industries désagréables aux grandes Compagnies. Elles savent que du moment que l'on sort des principes du droit absolu, toute garantie sociale disparaît ; que ce que l'on fait aujourd'hui pour les groupeurs peut s'appliquer demain au banquier, par exemple, à qui on pourrait par analogie demander un timbre plus élevé pour les effets qui passent par ses mains que pour ceux directement remis à la Banque de France, et elles voudront user de la circonstance pour faire disparaître complètement une législation qui a pu donner lieu, dans le passé, à des **interprétations aussi abusives,** *pour employer les termes chers à M. Jacqmin.* (Note des pétitionnaires.)

comprend qu'il faut, pour que le commerce soit prospère, ne pas lui susciter d'entraves, groupent leurs expéditions quelconques à leur gré et sans contrôle. Elles se trouvent alors en présence de la concurrence entre nos lignes d'une part et les lignes belges, allemandes, de l'autre. Si elles utilisent la voie française, leur correspondant du port français doit créer et leur faire payer autant de timbres de récépissés qu'il y a de destinataires suisses ou italiens. Si elles s'adressent à Anvers, elles n'ont pas tous ces frais à supporter. Peut-on leur reprocher de préférer Anvers, heureux, lui, de profiter de toutes nos fautes et dont l'importance s'accroît constamment de tout ce que nous perdons ?

Le grand tort des régimes d'exception, c'est qu'ils ont pour conséquence tout un système de mesures vexatoires et qu'il faut, pour les étayer, accumuler iniquités sur injustices. Ainsi l'on a dû instituer cette obligation de remettre aux Compagnies avec l'expédition un bordereau détaillé et certifié donnant le nom de tous les destinataires. Or c'est là une véritable violation de propriété. La clientèle d'un commerçant lui appartient, c'est sa chose propre. Il la cède avec son établissement ; il la tient aussi secrète que possible et toute divulgation par infidélité est sévèrement punie par les tribunaux. Au nom de quelle nécessité supérieure, vient-on l'en dépouiller sans indemnité et l'obliger à livrer ces renseignements à des agents de Compagnies qui, s'ils manquent de délicatesse, peuvent les communiquer à un concurrent ? — Il a fallu encore astreindre les intermédiaires de transports à établir eux-mêmes les récépissés, aggravant ainsi la charge de l'impôt par celle d'une main-d'œuvre coûteuse et tout à fait inutile pour les expéditions. — Puis, pour compléter cette série de mesures extraordinaires et s'assurer que rien n'en était omis par le malheureux *assujetti*, on a dû le soumettre à des visites domiciliaires et le contraindre à présenter ses livres à toute réquisition des agents du fisc.

Malgré tout, le contrôle ne s'exerce qu'imparfaitement et cela rend l'injustice de la loi plus flagrante encore. Il y a des régions entières qui échappent à l'impôt ; c'est le Nord qui, comme d'usage, paie pour le Midi, où les populations moins patientes ne s'accommoderaient pas aussi facilement de ces procédés inquisitoriaux. — Et même, dans le Nord, que de localités où les vérifications ne se font jamais. Partout enfin, c'est une porte ouverte à tous les abus, et il est incompréhensible que l'Administration, qui le sait parfaitement, veuille persévérer dans un système qui prête à tant de critiques, alors qu'une taxe exactement proportionnelle atteindrait groupeurs et non groupeurs, épargnerait à l'Administration les frais et le travail d'un contrôle difficile et offrirait, en un mot, toutes les conditions d'un impôt parfait puisqu'il serait égal pour tous, et d'une perception facile et sûre.

Que si l'on venait objecter que l'intermédiaire de transports bénéficierait encore des coupures (1) et paierait un peu moins de

---

(1) *On appelle* **coupures** *la différence qui existe entre le poids réel du colis et le poids arrondi aux 10 kilogs, tel qu'il est taxé par les Compagnies de chemins de fer. Par exemple,*

Un colis pesant	*13 kil. paie, s'il est expédié directem¹, comme*			*20 kil.*
id.	*17 »*	*id.*	*id.*	*20 »*
Total (poids réel)	*30 kil.*		*Total (poids taxé)*	*40 kil.*

Groupés, ils sont taxés pour 30 kilos. Le groupage paie, à peu de chose près, sur le poids réel, les colis expédiés séparément, sur une partie de poids qui n'existe pas. Il semblerait rationnel que 15 kil. dussent être taxés comme 10 kil. et 16 kil. pour 20 kil., les coupures qui n'atteignent pas la moitié de l'écart étant négligées, comme cela se passe pour les centimes, qu'on n'ajoute pas quand ils sont inférieurs à la moitié de 5. La balance serait alors égale entre le transporteur et le public ; mais les Compagnies ont obtenu de forcer, dans tous les cas, à la dizaine supérieure et de percevoir ainsi sur des poids qui ne sont pas effectivement transportés. Toute la question est là. Les Compagnies cherchent à créer une équivoque et à renverser la situation en présentant le groupage comme leur portant préjudice, alors que ce sont elles qui font tort au public, satisfait de trouver dans les entreprises de groupage un moyen d'atténuer la taxe trop élevée que lui fait payer le chemin de fer. Voilà le bénéfice que l'on pourrait avec raison qualifier d'illicite. (Note des pétitionnaires.)

transport et, par suite, de timbre que si les colis étaient expédiés isolément, il serait facile de répondre qu'il en est de même du groupeur-négociant ; qu'il est dans le cas du banquier qui tire une traite en bloc sur son correspondant ; qu'il acquitte d'ailleurs ses contributions pour exercer librement son industrie et que, si on estime qu'il est insuffisamment imposé, on a la possibilité de le faire passer dans une catégorie plus élevée de patentés, de le taxer au 20e ou au 10e de ses locaux ou à tel taux que l'on croira équitable. Mais ce qu'il demande légitimement, c'est d'être replacé dans les conditions où il était avant 1872 et d'être traité comme le sont ses confrères de tous les autres pays. Il est réellement temps que les mesures prises à son égard à l'instigation des grandes Compagnies de chemins de fer, désireuses de rester seules vis-à-vis du public, soient enfin abrogées et il faut espérer que le Parlement, éclairé cette fois par les intéressés, ne permettra pas que cette atteinte aux droits du citoyen d'un pays libre dure plus longtemps.

II. — Connaissements

Le projet de loi touche également au timbre des connaissements et l'assimile à celui des récépissés ; mais ici nous n'hésitons pas à dire qu'il fait complètement fausse route et ne paraît tenir aucun compte de ce que, ces transports s'effectuant le plus souvent pour compte de l'étranger, l'Etat n'a pas sur eux la même action que sur les expéditions intérieures.

Comment le gouvernement prétend-il connaître les frets appliqués, dont le cours varie à chaque voyage ? Comment aura-t-il communication des marchés passés entre un armateur et un négociant habitant tous deux Londres, par exemple, pour le fret d'une expédition à embarquer dans un port français ? Et, ne pouvant savoir les conditions de ce marché, quel timbre appliquera-t-il ? Comment procédera-t-il également pour un connaissement établi à Londres ou à New-York dont le fret aura été payé au départ ? Percevra-t-il le maximum de timbre, alors ce sera l'arbitraire, toujours l'arbitraire ; ou croit-il obliger les Compagnies anglaises ou américaines n'ayant pas de comptoir en France à présenter leurs livres, comme de malheureux intermédiaires de transports français, à toute réquisition du fisc ? Enverra-t-il ses agents à l'étranger ? Dans ces pays où le respect du domicile privé existe, ils seraient les bien reçus. Que fera-t-il pour les expéditions avec transbordement dans un port étranger ? Une expédition embarquée au Havre pour New-York paiera le timbre proportionnel au fret jusqu'à New-York, mais comment taxera-t-on un connaissement direct pour New-York avec transbordement à Londres ou à Liverpool ? Percevra-t-on le timbre sur le transport jusqu'à New-York ou jusqu'à Londres seulement ? Dans le premier cas, l'État français toucherait un impôt sur un transport effectué complètement en pays étranger, où il n'a pas à intervenir ; dans le second, il favoriserait les lignes étrangères puisqu'il ferait payer un timbre plus élevé pour une expédition faite directement d'un port français.

Mais l'article 9 va plus loin. Il veut établir pour les groupages par connaissements la même législation dont nous avons fait ressortir la criante injustice quand elle s'applique aux transports terrestres. On n'oublie là qu'une chose, c'est que les étrangers ne se soumettront pas à ces taxations et à ces vexations et préféreront utiliser d'autres ports plutôt que de les supporter. Ignore-t-on donc que tout le Nord et l'Est sont à l'heure actuelle desservis pour une forte proportion par Gand et Anvers, et que, si on veut accroître la prospérité de ces ports et augmenter le vide dans les nôtres, pourtant assez déserts à l'heure actuelle, il n'y a qu'à mettre de pareils procédés en vigueur ? Veut-on obliger même nos nationaux à utiliser les ports étrangers au détriment des ports français ? Un intermédiaire de transports de Paris peut embarquer ses groupages au Havre, à Anvers où ailleurs. Si vous lui faites payer, par destinataire, un timbre de récépissé de 0^{fr}50 plus un timbre de connaissement de 0^{fr}50 au Havre, lui reprocherez-vous d'envoyer à Anvers pour économiser au moins les 0^{fr}50 de connaissement? Est-ce là le but que l'on poursuit, et dans cette rage de vouloir ruiner une industrie utile, veut-on en même temps nuire à notre marine marchande et au mouvement de nos ports ?

L'exposé des motifs fait remarquer qu'il n'est pas sans exemple que les groupeurs réclament à chacun des destinataires réels des marchandises le droit entier du timbre de connaissement, tandis qu'il n'est payé qu'un seul timbre pour l'ensemble de l'expédition, et traite ce bénéfice d'illicite. Ce qui n'est pas "sans exemple" chez les groupeurs *est la règle constante chez les Compagnies de chemins de fer*, qui, en vertu de tarifs régulièrement homologués, perçoivent pour les ex péditions internationales une taxe fixe qui est de 1 fr. 25 pour les envois de moins de 100 kilos et de 2 fr. 50 pour ceux supérieurs à ce poids. (Voir tarifs internationaux Franco-Anglais, Nord, Ouest, etc.). Ces expéditions sont cependant également portées sur un connaissement collectif qui n'acquitte qu'un simple droit. Nous sera-t-il permis de demander comment une façon de procéder absolument identique peut être taxée par le Gouvernement d'illicite quand il s'agit de groupages effectués par des intermédiaires de tranports, et devenir tellement licite qu'elle résulte d'homologations ministérielles quand la perception est opérée par une Compagnie de chemin de fer ?

La perte qui résultera du changement proposé est évaluée dans le projet à 400,000 fr. : que le Trésor conserve donc ces ressources et que l'on se garde bien de toucher à la situation présente, qui n'a donné lieu à aucune réclamation, toute autre solution que le timbre fixe étant impraticable et de nature à offrir de sérieux dangers pour la direction du trafic.

Nous avons parlé tout à l'heure de l'obligation qui existe pour l'entrepreneur de groupages de remettre aux Compagnies de chemins de fer un bordereau indiquant le nom et l'adresse de chaque destinataire. Le projet propose d'agir de même pour les transports par eau. Le mal ici serait encore plus grand. Les Compagnies de navigation ne sont pas tenues comme celles de chemins de fer à des tarifs officiels fixes. Obliger les agents maritimes à leur faire connaître leur clientèle, c'est du même coup mettre ces Compagnies en mesure de s'en emparer par une baisse de prix à la première difficulté qui surviendrait entre eux. Il faut que le Gouvernement n'ait pas réfléchi aux conséquences d'une telle mesure pour songer à la proposer.

III. — Conclusion

Nous le répétons, ce que nous réclamons, c'est simplement le droit commun et la possibilité d'exercer notre industrie sous la protection tutélaire des lois, au lieu d'être opprimés par elles. Nous demandons à payer notre part équitable des impôts nécessaires. Nous protestons contre cette création de taxes spéciales et arbitraires que rien ne justifie et contre cette législation d'exception établie sans discussion en 1872, à la veille de vacances parlementaires et à un moment où il fallait créer avec précipitation de nouvelles ressources. Nous ne voyons pas pourquoi, lorsqu'il est si simple d'établir un impôt proportionnel payé par tous, on veut nous écraser de charges pour faire bénéficier une minorité, représentant 7 o/o des expéditions, de faveurs exceptionnelles et surtout pour complaire aux Compagnies de chemins de fer, dont les efforts tendent à la disparition des intermédiaires de transports qui rendent au public des services appréciés. Nous avons démontré que cette législation a appelé comme conséquence toute une série de mesures iniques, le propre de l'arbitraire étant de ne plus connaître de bornes, et nous venons prier la

Chambre, dans l'intérêt du commerce et des ports menacés, d'appuyer énergiquement auprès des pouvoirs publics nos légitimes revendications tendant au retrait du projet précité et à son remplacement par d'autres propositions établissant un impôt uniforme et proportionnel, fixé à 0,05 par franc ou à tel autre taux que l'on jugera nécessaire, sur les transports par voies ferrées et maintenant la situation actuelle, à laquelle on ne saurait toucher sans danger pour les expéditions maritimes.

Veuillez agréer, Messieurs, l'assurance de notre plus parfaite considération.

Suivent les signatures.

Après avoir entendu la lecture de ce document,

La Chambre de Commerce de Boulogne,

Vu le projet de loi présenté par le Gouvernement à la Chambre des Députés, le 15 février 1895, en vue de faire modifier les droits de timbre applicables aux récépissés, lettres de voiture et connaissements concernant les transports effectués par voie ferrée, par rivières, fleuves et canaux et par mer ;

Considérant que les expéditions par chemins de fer doivent être constatées par un récépissé en double soumis à un droit de timbre de 0 fr. 35 quand elles se font en grande vitesse, de 0 fr. 70 quand elles sont effectuées en petite vitesse ; qu'en outre, il est exigé de l'entrepreneur ou agent de transports, c'est-à-dire du commerçant qui paie patente pour exercer l'industrie du groupage, indépendamment du récépissé collectif, autant de récépissés différents qu'il y a d'expéditions pour divers destinataires ;

Que pour les petits colis désignés sous le nom de colis postaux et dont le poids est de 5 kilos au plus, les compagnies de chemins de fer, à qui la remise en est faite directement par les expéditeurs, ne payent qu'un droit de 0 fr. 10 par envoi, tandis que le commissionnaire ou entrepreneur de transports, qui, en vue de les grouper, accepte les mêmes colis dans les mêmes conditions de responsabilité, de dimensions et de poids que les compapagnies, est tenu de payer un droit de 0 fr. 35 pour le récépissé collectif et autant de timbres de 0 fr. 35 qu'il y a de destinataires différents ;

Qu'il est perçu un droit de 0 fr. 10 par récépissé ou bulletin d'expédition des compagnies de tramways, que les envois se fassent en grande ou en petite vitesse ;

Considérant que la création de lettres de voiture, c'est-à-dire d'écrits destinés à constater les transports effectués par routes, fleuves, rivières et canaux, en dehors du rayon de l'inscription maritime, n'est pas obligatoire, mais que, s'il en est rédigé, elles sont soumises à un droit de timbre de 0 fr. 60 à 3 fr. 60, suivant la dimension du papier employé ;

Considérant que les envois de marchandises opérés par mer, fleuves, rivières ou canaux, dans le rayon de l'inscription maritime, doivent être accompagnés, aux termes

de l'article 282 du Code de commerce, de connaissements
en quatre originaux, dont l'un, celui qui est remis au
capitaine, est soumis à un droit de timbre de 2 fr. 40 ;
que ce droit est réduit à 1 fr. 20 pour la navigation
côtière dans la même mer et entre ports français, et à
0 fr. 10 pour les connaissements des colis dits postaux ;
qu'il est perçu des droits spéciaux pour les connaissements
supplémentaires comme pour ceux relatifs aux transports
venant de l'étranger, mais que le groupage des expéditions maritimes n'est assujetti à aucune taxe, tandis
que le contraire existe pour le groupage des expéditions
par chemins de fer ;

Considérant que la législation actuelle a donné lieu à
de nombreuses critiques en établissant de pareilles inégalités fiscales ; qu'on ne s'explique pas pourquoi elle
soumet à des droits différents des écrits de même nature
juridique, récépissés, lettres de voiture et connaissements ; ni pourquoi elle grève les expéditions en petite
vitesse de taxes plus lourdes que celles dont sont frappés
les envois en grande vitesse, et cela sans même faire de
distinction entre les transports de faible importance et
ceux d'un poids ou d'une valeur considérable ; pourquoi
elle permet le groupage des colis sur mer, sur les
fleuves, rivières et canaux, quand elle l'assujettit sur les
chemins de fer à des prescriptions fiscales, s'il est fait
par des groupeurs de profession, tandis que les grands
magasins, les fabricants ou négociants, qui ne payent
point, comme les groupeurs, une patente spéciale pour
exercer cette industrie, le pratiquent librement ;

Considérant qu'en vue de *donner satisfaction au principe de l'égale répartition de l'impôt,* le Gouvernement propose de placer *tous les transports* sous un régime commun et de substituer aux droits fixes actuels un droit gradué en raison des prix applicables aux diverses expéditions ; que les prix de transports sont divisés en cinq catégories et les nouveaux droits fixés, savoir :

A 0 fr. 25 pour les transports d'un prix de 2 fr. et au-dessous ;

A 0 fr. 50 pour les transports d'un prix supérieur à 2 fr., mais n'excédant pas 5 fr. ;

A 0 fr. 75 pour les transports d'un prix supérieur à 5 fr., mais n'excédant pas 20 fr. ;

A 1 fr. 00 pour les transports d'un prix supérieur à 20 fr., mais n'excédant pas 50 fr. ;

A 1 fr. 25 pour les transports d'un prix supérieur à 50 fr. ;

Que cette tarification, bien loin de conduire au but que l'on cherche à atteindre, consacrerait des inégalités bien plus choquantes encore que celles dont souffrent et se plaignent aujourd'hui la plupart des commerçants et des industriels ;

Que le droit ne serait réellement gradué qu'en raison des prix indiqués, et qu'en voulant assurer le dégrèvement partiel du petit et du moyen commerce, qui ne font ordinairement que des envois de faible importance, le Gouvernement les placerait, son projet étant adopté, dans une situation d'infériorité des plus

préjudiciables puisqu'il favoriserait tous les grands
magasins, les sociétés commerciales et industrielles qui
réunissent des parties importantes de marchandises et
font de grosses expéditions ; que le petit et le moyen
commerce seraient frappés, comme le démontre la pétition des commissionnaires-expéditeurs de la place, d'un
impôt de 25 %, tandis que le haut commerce et la
grande industrie ne seraient soumis le plus souvent
qu'à une taxe variant de 2 fr. 85 à 0 fr. 25 % ;

Considérant qu'en imposant aux intermédiaires de
transports, c'est-à-dire aux groupeurs qui réunissent en
une ou plusieurs expéditions des colis envoyés à des
destinataires différents, l'obligation de payer, en sus du
droit exigible pour l'envoi collectif, un droit supplémentaire de 0 fr. 50 par chaque destinataire, soit que le
transport s'effectue par voies ferrées, soit qu'il s'opère
par fleuve, rivière ou canal, ou par mer, on les entrave
injustement dans l'exercice de leur profession, puisqu'aux droits afférents aux envois adressés à divers destinataires on en ajoute un autre, celui de l'envoi collectif;

Qu'en outre, on les empêche de profiter librement des
coupures ou, en autres termes, de la différence entre le
prix de transport dû sur le poids réel et le prix appliqué
au poids arrondi aux 10 kilos ; et que cette différence
constitue un avantage auquel ils peuvent prétendre, en
raison même de la profession pour laquelle ils sont
patentés ;

Que l'on crée ainsi pour eux un régime d'exception
des plus défavorables, puisque les grands magasins et

les fabricants peuvent expédier à un correspondant,
camionneur ou autre, plusieurs colis groupés destinés à
des personnes différentes et bénéficier ainsi, sans avoir
à acquitter plusieurs droits de timbre, même du tarif de
faveur maintenu pour les colis postaux, et qu'ils n'ont
pas à représenter, comme les groupeurs de profession, à
toute réquisition, soit aux agents de l'enregistrement,
soit aux agents ou préposés de la navigation, des
douanes, des contributions indirectes et des octrois,
leurs récépissés, livres, registres et autres pièces rela-
tives aux transports ;

Que non content de priver les intermédiaires de
transports de certains avantages qui semblent être inhé-
rents à l'exercice de leur profession, le Gouvernement
les astreint à produire, quand ils font des envois collectifs,
un bordereau détaillé et certifié, écrit sur du papier non
timbré et faisant connaître le nom et l'adresse de chacun
des destinataires réels, ce qui entraîne pour eux les frais
d'un travail supplémentaire qui ne laisse pas d'être
onéreux, ce qui en outre les expose à une foule d'indis-
crétions de la part des agents des compagnies, à une
concurrence fâcheuse et même, dans une certaine mesure,
à la perte de leurs clients ;

Que c'est, ce semble, vouloir faire disparaître les
entrepreneurs de transports que de les soumettre à un
pareil régime, et que, s'ils n'existaient plus, chacun les
regretterait ; que par leurs relations, leur connais-
sance approfondie des tarifs de chemins de fer, des voies
et des moyens de transport les plus avantageux, ils

rendent journellement au public des services inappré-
ciables ; qu'ils occupent un nombreux personnel ; qu'ils
sont les meilleurs auxiliaires des compagnies de navigation et de chemins de fer ; qu'ils attirent les navires
étrangers dans nos ports et d'importantes quantités de
marchandises sur nos réseaux, *faisant ainsi concurrence aux ports et aux chemins de fer des pays étrangers ;* que, pour les envois soit à destination, soit en
provenance de l'étranger, ils fournissent au commerce
des renseignements et des facilités qu'on demanderait
vainement à d'autres qu'à eux ; que par leurs services
de camionnage et de factage ils procurent au public,
pour les transports à l'intérieur du pays, des avantages
incontestables et qui seraient déjà suffisants pour justifier
la confiance dont ils jouissent ; enfin, qu'en augmentant
les bénéfices des compagnies de chemins de fer, ils font
diminuer d'autant le chiffre de la garantie d'intérêt de
l'Etat ;

Considérant que la législation actuelle est en opposition
constante avec les lois de justice et les sentiments
d'équité qui sont en nous ; que la loi proposée, loin de
remédier au mal qu'on veut faire disparaître, ne ferait
que l'aggraver ; qu'elle serait d'une application tout au
moins très difficile quant aux transports par voies ferrées,
dangereuse ou impossible quant aux transports par mer
et au groupage maritime, — ce que démontre, du reste,
d'une façon remarquable la pétition des commissionnaires-
expéditeurs de Boulogne ; que le rendement des divers
droits proposés, au lieu de répondre à l'attente des gou-

vernants, serait très probablement au-dessous des pré-
visions, et que le Gouvernement lui-même prévoit une
moins-value de 400,000 fr. sur les connaissements ;

Que dès-lors, puisqu'on ne peut aujourd'hui donner
suite au vœu exprimé, en 1890, par la Chambre des
Députés, sur la proposition de M. Emile Moreau, c'est-
à-dire supprimer tout impôt sur la petite vitesse ou
substituer d'autres ressources au produit du timbre sur
les récépissés, il semble préférable, afin de prévenir la
fraude et une foule d'autres abus, de remplacer les droits
fixes existants par un droit uniforme et proportionnel
sur le prix des transports par chemins de fer, en conser-
vant, faute de mieux, les droits de timbre actuels sur les
connaissements pour éviter ainsi une moins-value de
400,000 francs;

Que si nous adoptons comme rigoureusement exacts
les chiffres qui représentent, dans l'exposé des motifs du
projet de loi déposé, *le nombre* des expéditions par
chemins de fer, soit 53.250.000, le produit total des
droits de timbre de 35 et de 70 centimes, soit 29.560.000
francs, et le pourcentage des expéditions, dans les cinq
catégories établies, nous constatons les résultats suivants,
en supposant un droit de 5 o/o :

CATÉGORIES des transports	PROPORTIONS des expéditions	PRIX de transport de chaque catégorie	PRIX MOYENS des transports	NOMBRE DES EXPÉDITIONS	PRIX TOTAL de chaque catégorie de transport
1re	43 o/o	0 à 2 fr.	1 fr.	$\dfrac{53.250.000 \times 43}{100} = 22.897.500$	$22.897.500 \times 1 = 22.897.500$
2e	21 o/o	2 5	3.50	$\dfrac{53.250.000 \times 21}{100} = 11.182.500$	$11.182.500 \times 3.50 = 39.138.750$
3e	21 o/o	5 20	12.50	$\dfrac{53.250.000 \times 21}{100} = 11.182.500$	$11.182.500 \times 12.50 = 139.781.250$
4e	8 o/o	20 50	35.00	$\dfrac{53.250.000 \times 8}{100} = 4.260.000$	$4.260.000 \times 35 = 149.100.000$
5e	7 o/o	50 à 100	75.00	$\dfrac{53.250.000 \times 7}{100} = 3.727.500$	$3.727.500 \times 75 = 269.762.500$
				TOTAL... 53.250.000	TOTAL... 620.680.000

Produit d'un droit uniforme et proportionnel de 5 o/o : $\dfrac{620.680.000 \times 5}{100} = \mathbf{31.034.000\ fr.}$

soit, en chiffre rond, 31 MILLIONS.

Que, dans ces conditions, avec un impôt équitable, d'une perception facile, et ne pouvant donner lieu à aucune fraude, on aurait un rendement suffisant (31 millions), dépassant même quelque peu le produit des droits de timbre sur les récépissés (29.560.000 fr. en 1893) ;

Qu'en vue de tenir compte des observations présentées dans l'intérêt de l'industrie et de l'agriculture, il convient de rechercher les moyens de dégréver, aussitôt qu'il sera possible de le faire, les transports agricoles et ceux des matières premières nécessaires à l'industrie ;

Que, pour mettre notre commerce en mesure de ramener dans nos ports, par la voie française, un trafic important et rémunérateur qui, depuis plusieurs années, leur échappe, par suite des tarifs trop élevés de nos compagnies, des diverses charges qui pèsent très lourdement sur les expéditions faites à travers la France, il est à désirer qu'on puisse aussi exonérer de tout impôt les marchandises en transit ;

Par ces divers motifs, comme par ceux développés dans la pétition des commissionnaires-expéditeurs,

DEMANDE :

1° Que le projet de loi présenté par le Gouvernement soit retiré ;

2° Qu'un impôt fixé à 5 o/o ou à tout autre taux reconnu nécessaire soit établi sur le

prix de transport des expéditions par
chemins de fer, en remplacement des
droits de timbre actuels de 35 et de 70
centimes ;

3° Que les droits de timbre soient maintenus,
tels qu'ils ont été appliqués jusqu'ici, sur
les connaissements jusqu'à ce qu'il soit
possible de les faire disparaître totalement ;

4° Qu'un projet soit étudié en vue du dégrèvement des transports des produits agricoles, des matières premières destinées à
nos établissements industriels, et des
marchandises qui transitent à travers la
France ;

5° Que l'industrie des entrepreneurs de transports patentés puisse s'exercer et se
développer librement sous le régime du
droit commun, comme tout autre commerce ou industrie, et que, par suite, toutes
les mesures d'exception qui l'entravent
actuellement soient supprimées.

Pour copie conforme :

*Le Secrétaire-membre de la Chambre
de Commerce,*

CHARLES PÉRON.

Boulogne-sur-Mer. — Société Typo-Litho.